tröste mein Herz

Mit Bildern von Sieger Köder

Textauswahl: Sebastian Tonner

Verlag Katholisches Bibelwerk

Die Deutsche Bibliothek - CIP-Einheitsaufnahme

Ein Titeldatensatz dieser Publikation
ist bei Der Deutschen Bibliothek erhältlich

ISBN 3-460-27217-1

Umschlaggestaltung: Neil McBeath, Kornwestheim
Umschlagbild: © Sieger Köder, Kunstvoll gewirkt in Erdentiefen (Ausschnitt)
Satz und Reproduktionen: Hahn Medien GmbH, Kornwestheim
Druck und Bindung: Kösel, Kempten

Nah ist
Und schwer zu fassen der Gott.
Wo aber Gefahr ist, wächst
Das Rettende auch.

Friedrich Hölderlin

Blume, Baum, Vogel

Bist allein im Leeren,
Glühst einsam, Herz,
Grüßt dich am Abgrund
Dunkle Blume Schmerz.

Reckt seine Äste
Der hohe Baum Leid,
Singt in den Zweigen
Vogel Ewigkeit.

Blume Schmerz ist schweigsam,
Findet kein Wort,
Der Baum wächst bis in die Wolken,
Und der Vogel singt immerfort.

Hermann Hesse

Welkes Blatt

Jede Blüte will zur Frucht,
Jeder Morgen Abend werden,
Ewiges ist nicht auf Erden
Als der Wandel, als die Flucht.

Auch der schönste Sommer will
Einmal Herbst und Welke spüren.
Halte, Blatt, geduldig still,
Wenn der Wind dich will entführen.

Spiel dein Spiel und wehr dich nicht,
Laß es still geschehen.
Laß vom Winde, der dich bricht,
Dich nach Hause wehen.

Hermann Hesse

Meine engen Grenzen, meine kurze Sicht
bringe ich vor dich.
Wandle sie in Weite,
Herr erbarme dich.

Meine ganze Ohnmacht, was mich beugt und lähmt,
bringe ich vor dich.
Wandle sie in Stärke,
Herr erbarme dich.

Mein verlornes Zutraun, meine Ängstlichkeit
bringe ich vor dich.
Wandle sie in Wärme,
Herr erbarme dich.

Meine tiefe Sehnsucht nach Geborgenheit
bringe ich vor dich.
Wandle sie in Heimat,
Herr erbarme dich.

Eugen Eckert

Narr hinter dem Vorhang

Haus ohne Fenster

Der Schmerz sargt uns ein
in einem Haus ohne Fenster.
Die Sonne, die die Blumen öffnet,
zeigt seine Kanten
nur deutlicher.
Es ist ein Würfel aus Schweigen
in der Nacht.

Der Trost,
der keine Fenster findet und Türen
und hinein will,
trägt erbittert das Reisig zusammen.
Er will ein Wunder erzwingen
und zündet es an,
das Haus aus Schmerz.

Hilde Domin

Der Engel in dir
freut sich über dein
Licht
weint über deine Finsternis

Aus seinen Flügeln rauschen
Liebesworte
Gedichte Liebkosungen

Er bewacht
deinen Weg

Lenk deinen Schritt
engelwärts

Rose Ausländer

Gestern
die Verwandlung
des Wassers in Wein

Heute
die Verwandlung
des Weines in das Blut des Herrn

Morgen
die Verwandlung
meines Sterbens in sein Auferstehn

Lothar Zenetti

Das Mahl mit den Sündern (Ausschnitt)

Gott, zu dir rufe ich!
In mir ist es finster,
aber bei dir ist das Licht;
ich bin einsam, aber du verläßt mich nicht;
ich bin kleinmütig,
aber bei dir ist die Hilfe;
ich bin unruhig, aber bei dir ist der Friede;
in mir ist Bitterkeit,
aber bei dir ist die Geduld;
ich verstehe deine Wege nicht,
aber du weißt den Weg für mich.

Dietrich Bonhoeffer

Don Quijote und Sancho Pansa

Du entfernst dich so schnell
Längst vorüber den Säulen des Herakles
Auf dem Rücken von niemals
Geloteten Meeren
Unter Bahnen von niemals
Berechneten Sternen
Treibst Du
mit offenen Augen.

Dein Schweigen
Meine Stimme
Dein Ruhen
Mein Gehen
Dein Allesvorüber
Mein Immernochda.

Marie Luise Kaschnitz

Σοφία

Man muß weggehen können
und doch sein wie ein Baum:
als bliebe die Wurzel im Boden,
als zöge die Landschaft und wir ständen fest.
Man muß den Atem anhalten,
bis der Wind nachläßt
und die fremde Luft um uns zu kreisen beginnt,
bis das Spiel von Licht und Schatten,
von Grün und Blau,
die alten Muster zeigt
und wir zuhause sind,
wo es auch sei,
und niedersitzen können und uns anlehnen,
als sei es an das Grab
unserer Mutter.

Hilde Domin

Lied von Tod und Leben

Wir sind mitten im Leben
zum Sterben bestimmt
was da steht, das wird fallen
der Herr gibt und nimmt

Wir gehören für immer
dem Herrn, der uns liebt
was soll uns auch geschehen
er nimmt und er gibt

Wir sind mitten im Sterben
zum Leben bestimmt
was da fällt, soll erstehen
er gibt, wenn er nimmt

Lothar Zenetti

Ostern in Assisi

Wir wissens ja oft nicht,
die wir im Schweren sind,
bis über die Knie, bis an die Brust, bis ans Kinn.

Aber sind wir denn im Leichten froh,
sind wir nicht fast verlegen im Leichten?

Unser Herz ist tief,
aber wenn wir nicht hineingedrückt werden,
gehen wir nie bis auf den Grund.

Und doch,
man muß auf dem Grund gewesen sein.
Darum handelt sichs.

Rainer Maria Rilke

Schubertquartett: Der Tod und das Mädchen

Tröste dich, die Stunden eilen,
Und was all dich drücken mag,
Auch das Schlimmste kann nicht weilen,
Und es kommt ein andrer Tag.

In dem ew'gen Kommen, Schwinden,
Wie der Schmerz liegt auch das Glück,
Und auch heitre Bilder finden
Ihren Weg zu dir zurück.

Harre, hoffe. Nicht vergebens
Zählest du der Stunden Schlag:
Wechsel ist das Los des Lebens,
Und – es kommt ein andrer Tag.

Theodor Fontane

Manchmal
spricht ein Baum
durch das Fenster
mir Mut zu

Manchmal
leuchtet ein Buch
als Stern
auf meinem Himmel

Manchmal
ein Mensch
den ich nicht kenne
der meine Worte
erkennt

Rose Ausländer

Sieh,
die Sonne kehrt
wieder
als goldener Rauch.
Die fallende steigt.
Steigt aus den Dächern Hiobs.
Es tagt
heute
zum zweiten Mal.

Hilde Domin

O Mensch! Gib acht!
Was spricht die tiefe Mitternacht?
„Ich schlief, ich schlief –,
Aus tiefem Traum bin ich erwacht: –
Die Welt ist tief,
Und tiefer als der Tag gedacht.
Tief ist ihr Weh –,
Lust – tiefer noch als Herzeleid:
Weh sprich: Vergeh!
Doch alle Lust will Ewigkeit –,
– will tiefe, tiefe Ewigkeit!“

Friedrich Nietzsche

Pierrot und Harlekin

SK

Da wird ein Ufer
zurückbleiben.
Oder das End eines
Feldwegs.

Noch über letzte Lichter hinaus
wird es gehen.

Aufhalten darf uns
niemand und nichts!

Da wird sein
unser Mund
voll Lachens –

Die Seele
reiseklar –

Das All
nur eine schmale
Tür, angelweit offen –

Heinz Piontek

Nichts soll dich verwirren,
nichts soll dich beirren,
alles vergeht.

Gott wird sich stets gleichen,
Geduld kann erreichen,
was nicht verweht.

Wer Gott kann erwählen,
nichts wird solchem fehlen:
Gott allein genügt.

Teresa von Avila

Ich glaube,
daß Gott uns in jeder Notlage
soviel Widerstandskraft geben will,
wie wir brauchen.
Aber
er gibt sie nicht im voraus,
damit wir uns nicht auf uns selbst,
sondern allein auf ihn verlassen.

Dietrich Bonhoeffer

Du hobst in Ägypten einen Weinstock aus

Die Blatter fallen, fallen wie von weit,
als welkten in den Himmeln ferne Gärten;
sie fallen mit verneinender Gebärde.

Und in den Nächten fällt die schwere Erde
aus allen Sternen in die Einsamkeit.

Wir alle fallen. Diese Hand da fällt.
Und sieh dir andre an: es ist in allen.

Und doch ist Einer, welcher dieses Fallen
unendlich sanft in seinen Händen hält.

Rainer Maria Rilke

Gib deinem Herzen ein Zeichen,
daß die Winde sich drehn.
Hoffnung ist ohne gleichen
wenn sie die Göttlichen sehn.

Richte dich auf und verharre
still in dem großen Bezug;
leise löst sich das Starre,
milde schwindet der Bug.

Risse entstehn im Verhängnis
das du lange bewohnt,
und in das dichte Gefängnis
flößt sich ein fühlender Mond.

Rainer Maria Rilke

Maria von Magdala am Ostermorgen. Wasseralfinger Altar (Ausschnitt)

Bildrechte

Textnachweis

6 Hermann Hesse, Blume, Baum, Vogel, aus: ders., Sämtliche Werke, Band 10: Die Gedichte, © Suhrkamp Verlag Frankfurt 2001

8 Hermann Hesse, Welkes Blatt, aus: ders., Sämtliche Werke, Band 10: Die Gedichte, © Suhrkamp Verlag Frankfurt 2001

10 Eugen Eckert, Meine engen Grenzen, aus: CD: Lieder der Hoffnung und des Glaubens, © Studio-Union im Lahn Verlag, Limburg/Kevelaer

12 Hilde Domin, Haus ohne Fenster, aus: dies., Gesammelte Gedichte, © S. Fischer Verlag, Frankfurt 1987

14 Rose Ausländer, Der Engel in dir, aus: dies., Ich höre das Herz des Oleanders. Gedichte 1977–79, © S. Fischer Verlag, Frankfurt 1984

16 Lothar Zenetti, Verwandlung, aus: ders., Auf Seiner Spur, Verlagsgemeinschaft Topos plus, Bd. 327, © Matthias-Grünewald-Verlag, Mainz, 2. Aufl. 2001

18 Dietrich Bonhoeffer, Widerstand und Ergebung, © Chr. Kaiser/Gütersloher Verlagshaus, Gütersloh

20 Marie Luise Kaschnitz, Dein Schweigen, aus: dies., Überallnie. Ausgewählte Gedichte 1928–1965, © 1965 Claassen Verlag, München

22 Hilde Domin, Ziehende Landschaft, aus: dies., Gesammelte Gedichte, © S. Fischer Verlag, Frankfurt 1987

24 Lothar Zenetti, Lied von Tod und Leben, aus: ders., Auf Seiner Spur, Verlagsgemeinschaft Topos plus, Bd. 327, © Matthias-Grünewald-Verlag, Mainz, 2. Aufl. 2001

30 Rose Ausländer, Manchmal, aus: Einverständnis, © Pfaffenweiler Presse, Mittlere Str. 23, D-79292 Pfaffenweiler (1980)

32 Hilde Domin, Lieder zur Ermutigung (Sieh, / die Sonne kehrt / wieder / …), aus: dies., Gesammelte Gedichte, © S. Fischer Verlag, Frankfurt 1987

36 Heinz Piontek, Freies Geleit, aus: ders., „Wie sich Musik durchschlug“. Gedichte, Verlag Hoffmann & Campe, Hamburg 1978, © Heinz Piontek, München

40 Dietrich Bonhoeffer, Widerstand und Ergebung, © Chr. Kaiser/Gütersloher Verlagshaus, Gütersloh